LETTRE

DE

SA GRANDEUR MONSEIGNEUR OURY

ÉVÊQUE DE DIJON

AU RÉVÉRENDISSIME ABBÉ DE LÉRINS

A l'occasion de la mort de Monseigneur **GUEULETTE**,

ANCIEN ÉVÊQUE DE VALENCE

DIJON

UNION TYPOGRAPHIQUE, IMPRIMERIE DE L'ÉVÊCHÉ

40, rue Saint-Philibert, 40.

1891.

LETTRE

DE

S. G. MONSEIGNEUR OURY, ÉVÊQUE DE DIJON

Au révérendissime abbé de Lérins

**A l'occasion de la mort de Monseigneur GUEULETTE,
ancien évêque de Valence.**

Mon Très Révérend Père,

Depuis le jour où nous avons eu le bonheur de contribuer à votre élévation en vous donnant la bénédiction qui fait les abbés, nous n'avons pas goûté de plus grand bonheur que celui de nous entretenir avec vous, et, de tous nos jours, les meilleurs ont été ceux où l'occasion nous fut offerte d'adresser au vôtre les communications d'un cœur qui vous appartient tout entier. Mais, voici qu'aujourd'hui une douloureuse circonstance change en amertume la joie que nous éprouvions ordinairement à vous écrire. Nous venons d'apprendre, en effet, la mort de Monseigneur Gueulette, et nous regardons comme un devoir de vous exprimer immédiatement la douleur que nous cause cette triste nouvelle dont l'écho va susciter partout une émotion profonde et de bien vifs regrets.

Du haut de ses quatre-vingt-onze ans, le saint vieillard voyait le temps passer à ses pieds et ne semblait pas en subir les atteintes : il était de cette génération de forts et de vaillants devant lesquels la fin de ce siècle s'incline comme on fait pour les derniers rejetons d'une race qui disparait. Pourtant, hélas ! l'âge accomplissait son œuvre. A la vérité, les forces ne s'en allaient que goutte à goutte et d'une façon presque insensible ; mais enfin elles s'en allaient, et, depuis quelques mois, il n'était plus permis de se méprendre sur l'issue d'un combat dans lequel les plus robustes eux-mêmes finissent toujours par être vaincus. Parvenus à ce point, les hommes se détachent de la vie sans secousse, comme de l'arbre tombent les fruits mûrs : pour les emporter de ce monde il ne faut qu'un souffle, car pour eux la mort est moins une catastrophe que le résultat prévu d'un irrémédiable affaissement. Ils s'endorment dans le temps, et, doucement jetés hors de cette vie par une dernière lame, ils se réveillent dans l'éternité.

Parfois le voyageur rencontre, sur nos côtes, des roches énormes dominant la mer à de prodigieuses hauteurs. Au premier abord elles lui paraissent solidement assises ; toutefois, en les examinant de plus près, il ne tarde pas à s'apercevoir que les eaux en ont miné la base, et il peut calculer presqu'à jour fixe le moment désormais prochain où ces masses, sous l'action d'une dernière marée, se détacheront du continent et s'enseveliront sous les flots. — Ainsi nous a quittés, chargé d'ans et de vertus, l'ancien évêque de Valence, heureux de rentrer au port après un si long voyage, muni des sacrements de notre sainte mère l'Eglise et fortifié par les espérances immortelles qu'elle met au cœur de ses fils.

A la vérité, Mon Très Révérend Père, Monseigneur Gueulette n'appartenait à votre cher diocèse ni par sa naissance, ni par son ministère. Il était à vous seulement par les droits de l'hospitalité, par les services rendus et par la conquête qu'avaient faite ses éminentes qualités de votre attachement et de votre affection. Comme ces feuilles qu'emportent les grands vents d'au-

tomne, il avait été conduit par l'épreuve, au soir de sa
vie, loin du pays échu en partage à son épiscopat. Vou-
lant en adopter un autre, c'est sur la Provence que tomba
son regard, et l'accueil tendrement respectueux qu'il y
reçut, justifia la préférence flatteuse qu'il daigna lui
donner. Chacun s'efforça d'adoucir les tristesses d'un
Prélat que sa bonté eut dû mettre à l'abri de l'infortune.
Ces premiers sentiments ne se sont jamais refroidis,
parce que prêtres et fidèles n'ont jamais oublié que celui
qui en était l'objet fut amené vers eux par des motifs qui
font le plus grand honneur tout ensemble à la délicatesse
de sa nature et à la vivacité de sa foi.

De tout temps, Mon Très Révérend Père, la charge
épiscopale fut un pesant fardeau. Lorsqu'en 1865 elle
fut placée sur ses épaules, elle commençait à devenir
particulièrement lourde. Monseigneur Gueulette eut-il
le pressentiment des difficultés à venir ? Lui fut-il donné
de se convaincre de la disproportion de ses forces avec
la tâche que son zèle apostolique avait cru tout d'abord
pouvoir remplir ? Fut-il effrayé de la responsabilité du
commandement, ou subitement arrêté dans sa carrière
par quelqu'une de ces raisons intimes qui restent le secret de l'âme et de son Dieu ? Il est permis de croire
qu'il y eut un peu de tout cela dans sa détermination,
et, nul ne saurait s'en étonner, au souvenir des plaintes
que les plus grands évêques n'ont pas toujours eu la
force de réprimer : « *Plus les années s'avancent*, s'écriait
Saint Augustin, *ou mieux plus elles s'en vont et nous
rapprochent de ce dernier terme qui viendra infaillible-
ment, et plus je sens le tourment de l'anxiété et l'ai-
guillon de la mort.* » Saint Grégoire le Grand ne parlait
pas autrement. S'excusant à son saint ami Léandre,
évêque de Séville, de son retard à lui répondre, il disait :
« *La sollicitude attachée à ma charge m'écrase, et c'est à
ce point qu'il me siérait mieux de pleurer que d'écrire.
Les flots qui battent le navire dont, par un secret dessein*

*de Dieu, j'ai pris le gouvernail, sont si violents que je me
sens incapable de le diriger vers le port.* » (1).

Là où les géants ont ressenti de telles frayeurs, est-il
étonnant que les autres n'osent avancer ?

L'Evêque de Valence descendit donc du siège où
l'avaient élevé sa science et ses vertus, et, Dieu vous
l'envoya comme Il envoie les saints dans les lieux qu'Il
veut bénir. Sa nature, mon Très Révérend Père, était
de celles qui ne s'accommodent point des demi mesures
ni ne s'acclimatent dans les régions intermédiaires. Il y
a des plantes qui ne vivent que sur les sommets des
montagnes ou dans le creux des vallées : il y a des
hommes aussi, trop ardents et trop généreux pour se
contenter de la commune existence. Il leur faut l'héroïsme dans la grandeur, ou l'héroïsme dans l'abaissement,
et, puisque notre défunt renonçait au bruit de la lutte et à
l'agitation de la mêlée, c'était à la solitude qu'il devait
aller. L'aimant, isolé, se tourne vers le nord ; par une loi
non moins constante, l'âme soustraite aux préoccupa-
tions de ce monde prend, d'instinct, le chemin de ces
pieux asiles où elle adorera Dieu dans le silence et la
paix. Aussi, est-ce aux portes de Lérins que Monseigneur Gueulette vint frapper. Vous l'avez reçu, mon
Père, avec la vénération que commandait son rang et
l'admiration que son humilité suscitait en tous lieux.
Vous avez eu pour ses peines une charité filiale, dont il
aimait à rendre témoignage : vous l'avez entouré, du
premier au dernier jour, d'une sollicitude de tous les
instants, et chacun vous rend cette justice que vous avez
merveilleusement compris la valeur du dépôt dont la
garde vous était confiée. Agréez que je vous en remer-
cie, si ce n'est de la part d'un diocèse au nom duquel je
n'ai plus le droit de parler, du moins en raison du
dévouement et de l'attachement que j'avais voués à celui
qui n'est plus.

(1) Migne. Tome 77. Page 496.

Dans cette ile de Lérins, qui repose comme une ravissante corbeille sur les flots bleus de la Méditerranée, le vénérable solitaire, fleur entre tant d'autres fleurs, embauma, du parfum de sa vie mortifiée, le monastère à l'ombre duquel ses jours s'écoulaient doucement sous le regard de Dieu. Vingt années durant, il demeura là, dans sa petite chambre de moine, renouvelant ce spectacle qu'on croyait à jamais évanoui avec les siècles de foi qui l'avaient donné, d'un pontife se préparant, au désert, à paraitre devant le souverain Juge! Qui dira la ferveur de ses prières, le prix de ses larmes, la valeur de sa pénitence et de son abnégation? Dieu seul les connait, et les anges qui ont, avec tant de mérites, tressé la couronne qui va ceindre son front.

Mais, si nous devons nous réjouir de ce que ce fidèle serviteur va recevoir la récompense, comment pourrions-nous oublier que son départ nous prive d'un protecteur ici-bas et d'un modèle?

Au milieu des difficultés, mon Très Révérend Père, dont vous faites, chaque jour, la douloureuse expérience, il est bien difficile de remplir efficacement les obligations de notre sainte vocation. Comment répandre la vérité quand tout conspire contre elle? Comment sauver les âmes qui s'obstinent à se perdre? Comment, en dépit des obstacles qui, chaque jour, se multiplient sous nos pas, faire le bien et le bien faire? Hélas! ce serait à désespérer, si nous n'étions aidés par la prière de ceux qui consacrent leur temps à nous recommander à Dieu.

Pour une famille religieuse, c'est une bonne fortune de compter dans son sein un membre qui, par ses supplications, attire sur elle les bénédictions d'En-Haut. Pour un diocèse aussi, et, lorsque cet intercesseur a la plénitude du sacerdoce, avec quelle ardeur et quelle intelligence de leurs besoins ne doit-il pas implorer, en faveur de ses frères, la divine bonté? Comme Moïse priait pendant que Josué combattait, ainsi l'ermite de

Lérins élevait les bras vers le Ciel, pendant que nous combattions, et en faisait descendre la victoire. En maintes circonstances cette pensée nous a donné patience et courage, et nous sommes sûr que souvent aussi votre monastère a ressenti les effets d'une si puissante intercession. Que de grâces, en effet, ne lui devons-nous pas ? Que de bienfaits ne nous a-t-elle pas mérités, peut-être à notre insu ! Ces succès inespérés dans votre ministère et dans le nôtre, ces victoires remportées contre toute attente, ces épreuves patiemment supportées, ces larmes si vites séchées, ces désirs si promptement réalisés, nous ne savions pas à qui nous en étions redevables, et nous cherchions probablement bien loin une explication que nous avions sous la main.

C'est notre saint Evêque qui nous méritait tout cela, c'est sa prière qui demandait et obtenait pour nous ce que nous-même, hélas ! n'avions ni assez de temps ni assez de crédit pour demander et obtenir.

Ainsi se constituait-il notre suppléant auprès de Dieu. De son temps, il faisait deux parts à peu près égales et consacrait à la prière les heures que le travail n'absorbait pas. Levé de grand matin, montant à l'autel avant l'aurore et rivalisant d'austérité avec ses compagnons de solitude, il ajoutait au mérite de la vie religieuse celui de faire, à chaque instant du jour, le sacrifice de sa liberté et d'en pratiquer, sans y être tenu, les prescriptions et les lois. Je ne sais si je m'abuse ; mais, lorsque jetant un regard sur tout ce qu'il y a de grand, de noble et de beau dans la fin de carrière de ce vieillard, je ne puis croire que tant de vertus n'aient pas été, sur la terre même où elles se sont épanouies, une source de bénédictions, et je leur attribue la gloire d'avoir conservé Lérins au bien-aimé diocèse de Fréjus.

Cela suffirait à expliquer nos regrets.

Mais, à côté du protecteur, Mon Très Révérend Père, nous avons à pleurer le modèle, et cette pensée ajoute encore à ma douleur. Dans le concert que Monseigneur Gueulette, unissant sa voix à celle de la Méditerranée, faisait monter journellement vers le trône de l'Eternel, il y a toutes les notes de la gamme : toutefois, il en est quelques-unes d'un emploi plus fréquent et d'un plus saisissant effet, je veux dire que, s'il a donné l'exemple de toutes les vertus, il en a porté plusieurs à un degré tel, que les plus indifférents ne sauraient se défendre de l'admiration.

Par le chemin royal de la croix, il s'était élevé jusqu'aux sommets héroïques de la perfection chrétienne, jusqu'à ces hauteurs où, comme sur les cimes de nos grandes montagnes, on aperçoit la terre de plus loin et Dieu de plus près. Mais, ce qui mieux que tout le reste le grandit à nos yeux, c'est sa parfaite humilité. Dans ce siècle, en effet, où tout le monde aspire à monter, il n'a pas craint de descendre ; volontairement il a recherché l'ombre, et, celui qui aurait pu être un grand évêque a voulu vivre et mourir dans l'obscurité. Contrairement à tant d'hommes qui cherchent, par mille moyens, à s'imposer à l'attention publique, il s'est enveloppé dans le silence ; il a pris à la lettre la recommandation du pieux auteur de l'Imitation (1) ; il a préféré demeurer ignoré de tous, donnant au monde un grand exemple et nous apprenant à nous en particulier, Mon Très Révérend Père, comment nous devons nous effacer, renoncer aux honneurs et rentrer dans la vie privée, quand nous n'avons plus l'espérance fondée de faire le bien.

En s'enfermant à Lérins, Monseigneur Gueulette venait y chercher le repos et non pas l'oisiveté. Les livres remplacèrent donc les occupations d'autrefois, et, à la vue de l'ardeur qu'il mettait à les étudier, on se demandait si l'on était en présence d'un élève commençant la vie, ou d'un maître se disposant à la quitter. C'est là qu'il faut chercher l'explication de ce phéno-

1. Ama nesciri et pro nihilo reputari.

mène étrange, au premier abord, d'un homme arrivant dans la solitude déjà vieux et se pliant aux exigences d'une existence nouvelle avec la souplesse d'un enfant. Deux fois seulement il en sortit, durant quelques jours, pour remplir un devoir de charité, et, deux fois il la reprit avec un bonheur égal à la peine que lui avait causée cette absence momentanée de son ile. Il travaillait là, par devoir et par goût, comme autrefois dans son cabinet d'évêque. Aucune branche des sciences religieuses et profanes ne lui était étrangère, et tel était son désir de connaitre, que le lendemain finissait toujours trop tôt pour achever la tâche qu'il s'était assignée la veille. A ce sujet, votre regretté prédécesseur qui veillait sur son hôte avec une tendre sollicitude, nous a raconté des faits qui paraitraient incroyables, si l'évêque de Valence n'avait appartenu à cette génération d'hommes habitués à regarder comme perdu pour la vie le temps qu'ils ne consacrent pas au travail. C'est ainsi que le laborieux solitaire joignait à la lecture la composition d'œuvres apologétiques et didactiques d'une étendue considérable. Ecrits avec une rare expérience et ces intuitions qui sont le partage de ceux qui vont bientôt mourir, ces ouvrages feront probablement un jour notre profit et notre admiration. Par un touchant contraste, il s'occupait, dans ces derniers temps, d'achever un catéchisme à l'usage des petits enfants. Quelle leçon pour nous, mon Très Révérend Père, que ce vieillard prenant plus de peine qu'un homme jeune et qui, arrivé au port, travaillait comme ceux qui sont encore dans la haute mer !

Il nous en donnait une autre non moins précieuse, par la charité vraiment admirable dont il faisait preuve à l'égard du prochain. Nul, en effet, n'appartenait plus que lui à ce vieux clergé de France si remarquable d'urbanité, de politesse exquise et de bonté. Nul n'en conservait mieux les traditions ni ne lui faisait plus d'honneur. Parlait-il de sa propre personne, ce qui était rare, c'était pour s'humilier. Parlait-il des autres ? Il avait le merveilleux talent de se tenir à égale distance de la froideur et de la flatterie : mais, toujours il trouvait le moyen de les louer, appliquant ainsi aux vivants l'indulgence et le respect que l'on doit aux morts : *De mortuis aut nihil aut benè*.

Reconnaissant et confus de la moindre attention dont il était l'objet, il craignait toujours d'être en retard avec autrui.

Dans sa tolérance et sa mansuétude à l'égard de ses semblables, faut-il voir le résultat d'une vertu péniblement acquise ou l'apaisement qu'apporte l'âge aux âmes les plus ardentes ? C'est le secret de Dieu. Toujours est-il que ses vertus firent le charme de tous ceux qui l'approchaient. Elles se manifestaient même à l'égard des personnages politiques dont l'Eglise eut le moins à se louer. Tout en déplorant amèrement l'injuste traitement qu'elle subit, il apportait dans le jugement des hommes et des choses une possession de soi-même, une modération que nous avons rarement rencontrées ailleurs. Et tout cela non pas avec la banale politesse et la froide indifférence d'un cœur que rien n'émeut, mais avec une profondeur d'impression, une pureté de langage, un accent de charité qui trahissaient à la fois la bonté de l'évêque et le talent plein de charmes du causeur.

Aussi, ne fut-ce pas sans une religieuse admiration que nous l'abordâmes pour la première fois. En présence de ce vieil évêque nous comprîmes que nous étions devant *quelqu'un* et qu'un grand caractère se dressait devant nous. Tout, d'ailleurs, nous portait au respect. Ses cheveux blancs disaient qu'il avait longtemps vécu ; sa taille, que les années n'étaient pas parvenues à courber, attestait une énergie supérieure aux défaillances du corps ; sa longue barbe et la maigreur de ses traits trahissaient les mâles austérités du cloître. A lui seul il remplissait l'ile, et je compris mieux en le voyant le saisissement qu'éprouvèrent les barbares, lors qu'entrant dans Rome ils se trouvèrent en face de ses vieux sénateurs. Puis, remontant le cours des siècles, je pensais aux nombreux évêques que Lérins avait abrités, et je n'en trouvais aucun dont le cœur ait été plus pur, les mœurs plus austères, le sacrifice plus complet. Cependant, l'évocation de ce long passé de gloire me remettait en souvenir beaucoup de héros ; mais, je le répète, parmi toutes les figures de cette incomparable galerie, aucune ne me paraissait supérieure à celle que la mort vient de nous ravir.

Et quand, avec le temps, il me fut donné de l'étudier en détail et d'apprécier tout ce que renfermait de mérite et de grandeur l'âme de ce nouvel Honorat, cette impression, loin de s'affaiblir, devint plus profonde. Nous regardâmes ce vieillard comme pesant plus aux yeux de Dieu pour la paix du monde et faisant plus à lui seul, du fond de sa retraite, pour en arrêter la ruine, que le reste des hommes. Aussi le vénérions-nous à l'égal d'un ange protecteur, et, volontiers nous l'aurions salué comme l'une de ces colonnes lumineuses qui soutiennent l'univers : *Salve, columna lucis, qui sustines orbem terrarum !*

Et maintenant nous ne le verrons plus, car cet arbre que les grandes brises de la mer avaient à peine incliné vient de tomber, et cet homme, qui se tenait debout depuis quatre-vingt onze ans, est couché dans son cercueil !

Plus heureux que bien d'autres, il a eu cette rare fortune de pouvoir choisir le lieu de sa rencontre avec la mort. Il en a presque aussi connu le temps, car il était parvenu à ce point de l'existence où, la terre n'ayant plus rien qui nous charme, nos yeux se portent tout naturellement vers les célestes horizons. Devant lui le champ de l'avenir et de l'illusion n'était-il pas assez rétréci pour lui permettre de fixer, à quelques heures près ,le moment où, quittant l'exil, il prendrait le chemin de la patrie ? Ce jour-là devait éclairer la délivrance. Oh ! par quels transports de reconnaissance et d'amour n'en aura-t-il pas salué l'aurore ! Depuis longtemps rien ne le retenait plus ici-bas. Parents et amis l'avaient précédé dans la tombe : semblable à ces chênes autour desquels le temps a fait le vide, il avait vu tomber tous les hommes de sa génération, et, cet isolement augmentait encore son impatience de retourner à Dieu. Là-haut, d'ailleurs, le Christ l'appelait ; là-haut aussi l'attendaient tous ceux qui l'avaient aimé. Le trépas dans ces conditions n'a rien de triste, et notre évêque aura pu, lui aussi, s'éloigner du monde en disant :

Je ne regrette rien sur cette terre ingrate,
Car tous ceux que j'aimais
Sont couchés dans la tombe où vers eux je me hâte
De descendre à jamais.

Il y est descendu, mon Très Révérend Père, et désormais les pins de votre île, étonnés de ne plus lui prêter leur ombre, pleureront son absence, et les flots de la Méditerranée auront désormais une voix plus plaintive,˙ attristés de ne plus l'apercevoir sur cette plage où, pendant un quart de siècle, ils le virent méditer et prier.

Et vous, Mon Très Révérend Père, cesserez-vous jamais de pleurer celui que la Providence avait amené par des voies si mystérieuses à la porte de votre monastère, comme pour l'en constituer le gardien ? Mieux que moi vous savez comment il en fut l'ornement et l'appui. Dans quelles circonstances avez-vous imploré vainement le secours de ses libéralités et de ses conseils ? Qui, plus que lui, vous aida de ses prières, de ses encouragements et de ses vœux ? Et parmi vos fils en comptiez-vous un qui partageât, au même degré que lui, vos joies et vos douleurs ? Cette mort vous atteint donc directement, au double point de vue de vos affections et de vos intérêts. Les plaintes qu'elle vous arrache sont hélas! trop justifiées, et, quelle qu'en soit l'amertume, elle égalera difficilement la grandeur de votre perte. Tous vos moines pleureront longtemps et si, un jour, en nous rendant à Rome, nous allons à Lérins réchauffer notre cœur au contact du vôtre, vos larmes ne seront pas encore taries. Nous entrerons chez vous comme dans une demeure que la mort vient de visiter, de votre bouche nous recueillerons le récit des derniers moments de votre défunt, de sa vie nous tirerons ensemble d'utiles leçons ; ensemble encore nous visiterons les lieux qu'il embauma de sa pénitence. Ainsi, l'illusion consolera notre douleur, et, parlant de l'absent, nous oublierons un instant que, pour le retrouver, il nous faut hélas! lever les yeux au Ciel ou les abaisser sur une tombe.

Bientôt, nous l'espérons, il nous sera donné de nous agenouiller sur cette tombe afin d'y répandre et nos regrets et nos larmes. Mais, dès à présent, nous sommes d'esprit et de cœur auprès des restes mortels de celui dont l'épiscopat nous a rendu frère, et que nous avons entouré de la tendre vénération d'un fils. A ses côtés nous écrivons ces lignes que nous interrompons de temps à autre pour contempler et fixer en nous-même des traits que nous ne reverrons plus. Dès à présent, nous ramassons avec respect les débris d'or de ce bâton pastoral deux fois brisé, et, nous recueillons précieusement, pour en faire la règle de notre vie, les leçons et les exemples de celui qui le porta.

Que dès à présent aussi, mon Très Révérend Père, nous nous souvenions l'un et l'autre de Monseigneur Gueulette dans nos prières et particulièrement au saint autel. Sans doute, la mort ne l'a pas pris au dépourvu. Semblable à cet artiste fameux qui s'enferma, pendant de longues années, dans une basilique romaine, et répondit à ceux qui l'interrogeaient sur l'emploi de son temps: *J'ai peint pour l'éternité*, l'ancien évêque de Valence, lui aussi, s'enferma dans la solitude et, là, durant vingt ans, il a peint pour l'éternité. Les anges qui, seuls, assistaient à son travail, connaissent les longs et patients efforts qu'il lui coûta : mais, nous qui avons eu le bonheur de contempler la copie au moment où elle recevait les derniers coups de pinceau, nous savons quel degré de ressemblance elle avait avec le divin modèle (1).

Il était de ces sages qui, dans les siècles de foi, se retiraient au désert ; à ceux qui leur demandaient ce qu'ils pouvaient y faire si longtemps, ils répondaient : *Cogitavi dies antiquos et annos æternos in mente habui : Nous pensions au passé et nous méditions l'avenir.* — Ainsi fit le pieux évêque au milieu du silence de sa chère Lérins. Le cadre ravissant au milieu duquel s'écoulaient ses jours, les hautes montagnes qui, d'un côté, bornaient son horizon, et de l'autre, les flots d'une mer sans limites qui charmaient son regard, tout lui parlait du Créateur et lui rappelait l'éternel au-delà. Quel front fut donc mieux préparé que le sien à recevoir la couronne ? Qui l'a gagnée par une plus longue épreuve ? Et qui donc l'obtiendra, si le Seigneur la refuse à celui qui n'a pas craint de tout quitter pour s'attacher à lui ?

Notre défunt, nous en avons le doux espoir, est donc en possession des célestes clartés, et, sur un trône moins fragile que ceux de la terre, et d'où rien ne saurait le faire descendre, il est assis déjà dans la gloire. Les saints religieux partis avant lui du monastère de Lérins lui auront ouvert leurs bras, comme leurs frères de la terre lui avaient ouvert leur porte et leur cœur ; du milieu des uns il a passé au milieu des autres, et il achève avec les seconds, dans la patrie, les chants d'amour commencés avec les premiers dans l'exil.

Toutefois, nous ne devons pas l'oublier, mon Très Révérend Père, la perfection n'est pas de ce monde, et,

(1) Inspice et fac secundum exemplar.

dans ceux qui s'en sont approchés de plus près, Dieu peut découvrir des taches. Lui seul sonde les reins et les cœurs. Il règle la rigueur de ses jugements sur l'étendue de ses bienfaits, et des champs où il a semé beaucoup il exige une abondante moisson. C'est pourquoi j'unirai mes suffrages aux vôtres afin de hâter, si elle n'y était déjà, l'entrée d'une âme qui nous fut si chère, dans le lieu du repos, du rafraîchissement et de la paix. Par là nous remplirons un devoir de reconnaissance et de charité fraternelle. Par là nous donnerons au prélat qu'une commune adoption fit nôtre, la seule marque de souvenir qui puisse lui servir désormais, et, nous nous ménagerons là-haut un protecteur d'autant plus secourable qu'ayant connu, par son expérience personnelle, le fardeau de notre saint état, il sera plus empressé de nous obtenir la patience et la force de le supporter sans défaillir.

Assuré que ce puissant patronage ne nous fera pas défaut, je souhaite que nous en retirions des fruits de salut, et je vous renouvelle, Mon Très Révérend Père l'expression de mes affectueux et dévoués sentiments.

              † F.-HENRI, *év. de Dijon.*

Dijon, le 24 mars 1891.

Dijon.— Union typographique, imp. de l'Evêché, 40, rue St-Philibert.